Mario Stenz

Tage und Atem

Bibliographische Informationen der Deutschen Nationalbibliothek:

Die Deutsche Nationalbibliothek verzeichnet diese Publikation in der Deutschen Nationalbibliografie; detaillierte bibliografische Daten sind im Internet über http://dnb.dnb.de abrufbar.

Herstellung und Verlag:

BoD – Books on Demand, Norderstedt

ISBN: 9783746000633

Tage und Atem

Oder

Die Essenz gelebter Stunden

Lyrik

Mario Stenz

Für

I.S.

„Schreiben als Form des Gebets"
Franz Kafka

"Lebendig ist, wer wach bleibt, sich den anderen schenkt, das bessere hingibt, niemals rechnet. (...)
Lebendig ist, wer das Licht erwartet in den Tagen des schwarzen Sturms, wer die stilleren Lieder ohne Geschrei und Schüsse wählt, sich zum Herbst hinwendet und nicht aufhört zu lieben."
Luigi Nono

Inhalt

Vorwort

Zu den hier veröffentlichten Gedichten will ich nicht unnötig viel sagen, da jedes überflüssige Wort Erwartungen weckt und den Blick in eine bestimmte Richtung lenkt.

Zum Kontext sei nur so viel erwähnt, damit ich mir und den Vorreden meiner anderen Bücher treu bleibe: mein Aphorismenbuch bezeichnete ich als „Mikroessayistik", das Buch „Prekäre Zeiten" hätte ich gern als halbpoetische „Arbeiterlyrik" verstanden gewusst und „Sehnsucht und Erwachen" ließe sich als „romantische Existenzpoesie" fassen. Der Gedichtband „Auszeit" war ein unerwartetes Geschenk des Müßiggangs und stellt insofern eine Ausnahme dar. Der Band „Tage und Atem" reiht sich in meine Veröffentlichung insofern ein, als es sich wie jedes andere Werk von den vorhergehenden stilistisch unterscheidet. Die bewusste Konstante ist der Versuch und die Veränderung aus der Freude am Umgang mit Sprache bzw. des Umgangs der Sprache mit mir. Will heißen: ich bin nicht auf der Suche nach meinem Stil; der Versuch und sich versuchen zu lassen *sind Merkmale* des Stils.

Die Gedicht sind mal episch lang, mal von gnomischer Kürze, mal konkret, mal kryptisch, mal frei und verspielt, mal strukturiert, mal schwermütig, mal leichtfüßig in der Stimmung der Heiterkeit, mal nachdenklich, mal appellierend und mono- wie dialogisierend, mal intuitiv der Eingebung folgend, aber sie sind fast immer in der Stimmung der Leidenschaft verfasst, in der die Stille in mir laut und zum Atem gelebter Stunden wurde.

Aber eine Etikettierung, wie den anderen Büchern, wüsste ich diesem Gedichtband nicht zu geben. Es ist *nur* Lyrik, *Lebenslyrik* vielleicht, die aus dem und über das Leben erzählt - nicht mehr und nicht weniger; es sind Worte, die durch mich hindurch und aus mir hinaus wollten, da durch Gedanken und bedeutsame Ereignisse in Schönheit und Schwere, Gipfel und Krise inspiriert, das belebte Schweigen sich einen Weg durch die Worte zur Welt suchte.

Damit ist genug und vielleicht auch nichts gesagt. Der Rest ist eine Sache der Auslegung und Bewegung des Lesers/der Leserin im eröffneten Interpretationsspielraum der Sprache.

I

Heimat

Im Lärm liegt der Himmel
Mythenlos befleckt,
Gesteinigt tagt die gegebene Erde,
Zerlegt und geschlagen
Vom Wettlauf der überworfenen Zeit.

Ich aber erwählte mir
Einen Platz darin,
Einen freien Ort außerhalb
Mit einem tanzenden Bein im Nirgendwo,
Wo nur ich in der Stille
Und der Zitadelle einer Zeile
Zu Hause bin.

Dort lebe und lächle ich
Wie vor dem friedlichen Tag
Meiner letzten Geburt.

Dort schaue und staune ich
Im bewegten Schweigen
So lange mich Hoffnung hält, -

Und sei es,
Meine Seele,
Zu meinem kleinen Glück
Ein scheuer Funke nur,
Ein Gedanke,
Ein Blick am Rand oder
Ein glühender Stern in den Straßen.

Doch...

Das Universum
Macht kein Aufheben um uns:
Es ruft uns nicht an
Es ruft uns nicht aus,
Wir sind nicht seine Sensation,
Oder die Lieblinge seines Wurfs,
Unser Leben
Im entlegensten Winkel der großen Leere
Erscheint ihm so gut und egal
Wie nicht zu sein unter seinesgleichen.

Und doch hebt sich
Der Mondschein auf dem Meer
Wie tragende Musik
Im Gleichklang deines Schritts,
Und es schreibt sich keine Liebe
Tiefer ins Mark als die deine.

*

Wir verwehen ohne Aufsehen
Wie die gelöste Feder
Sich leichter als Licht
Ungesehen aus dem Fenster
Der Stunde verflüchtigt.

Und doch schenkt sich
Der Geschmack des Salzes
Keinem süßer als dir,
Und keine Sekunde entbehrt
Den festen Griff deines Blicks
Und die Kraft deiner Deutung.

*

Für wahr: Wir sind Sandkörner
Am Rande der Wüsten,
Splitter der Erde und ein Gespieltes
Aus Staub in den Städten,
Ganz so wie Gestalten im Nebel
Namloser Nächte.

Und doch ehrt dein Antlitz
Den Tag mit schönerem Geschick
Und jeder aufrichtige Atem
Heiligt deine Einmaligkeit
Am Gipfel des Augenblicks
Zwischen zwei endlosen Zeiten.

Zufall

Hüfttief im Meer
Stand sie
Wie eine Statue
In Blau
Am östlichen Gestade.

Die Sonne liebte
Die See und
Der Wind
Trug ihr auf Händen
Ein Blütenblatt
Zum Schoß,
Ganz so sanft
Und unvorhergesehen,
Wie auch sie
Frei und geschenkt
In mein Leben fiel,
Um zu bleiben.

Träume

Die Stille trinkt
Die erloschenen Taten
Für das Läuten der Stunde
Hinab in den Atem.

Erwachen
Ist selten,

Aber vor dem Schwarz
Im Schweigen,
Das uns bevorsteht,
Steigen Träume
Der Reinheit
Heim
In den Tag.

Auszeit

Wenn die Nacht anhebt,
Die erste Stille die Häuser umgreift
Und die Schönheit der Schwärze
Den geschäftigen Tag entkleidet,

Wenn ich keine Rolle mehr spiele
Im ewigen Spiel
Und die Erwartungen der Anderen
Sich weiten,
Wo im Erwünschten
Die Gegenwart glückt,

Wenn in dir Nacht,
Fürs Mögliche Zeit bleibt,
Für Schöneres und Freies
Als die Pflicht es verlangt,

Wenn alles schläft
Im Schwarz des ewigen Begehrens
Und die Sterne sich
Zur Freundschaft begeben,

Dann Nacht, atme ich auf,
Atme ich
In deinen Armen tiefer ein,
Froh dem Leben,
Da ich in dir
Ohne gewichtete Leistung,
Bloß schaffend,
Leichter der sein kann,
Der ich
Hinter dem Schutz
Der gereichten Masken bin.

Bedarf

Was brauche ich
Tragende Melodien,
Wenn du selbst
Wie Musik bist?

Was verlangt es mich
Nach hohen Zielen,
Wenn in deinen Armen
Ein Ankommen wartet?

Wozu brauche ich
Totes Wissen aus Büchern
Wenn in deinen Augen
Antworten ruhen?

Warum nähre ich mich
An fremden Gedichten,
Wenn deine Art zu sein
Zärtlicher als Poesie ist?

Und warum sehnt es mich
Nach Abenteuern
Wenn du jede Neugierde
Mit deiner Geste füllst?

Wozu brauche ich
Das Glück der Sterne
Wenn du wie du bist
Meiner Nacht Licht schenkst?

Versuchungen

Du Glück, du bist begehrt und des Lebens liebste
Von List und Leidenschaft umlaufene Versuchung,
Du tunkst die Pflichten und Tagestränen in Teer
Und die erschöpften Augen in die nachtblaue Tröstung,

Du bist der Dürstenden Becher und der Verlorenen Eden,
Heilbringende Salbung und heißer Hände Abendtrunk,
Der brennenden Begierde Bach und stillender Busen,
Bleicher Monde Antlitz und glühender Sonnenblick.

Du bist der geketteten Adler freier und erster Morgenflug
Und des Kämpfers azurnes Kühl- und Kampfesbecken,
Der Schaffenden Schönheit und salz`ne Schweißesperle
Und der stillen und höchsten Stunde Freudgeflüster.

Du bist der Reichen Gewinn und der Armen teure Ernte,
Den Verzweifelten tragendes Wort und des Weges Weisung,
Des Denkers plötzliche Gabe und glühender Gedankenkuss
Und der betrübten Staffelei lächelnde Farbenfrische.

Du bist der welken Rose rotbelebende Regenfeuchte
Und der jungen Liebe schuldloses Freudgelächter,
Der gefrorenen Winterrose neues Frühlingsgrün
Und der Meere erste Windstoß zur verheißenen Welle.

Du bist des Musikers Hymne und symphonische Heilung,
Der Jugend Hungergang und des Alters leise Würde,
Der berufenen Arbeit Dankesdichtung, aller Sehnsucht
Seele, des Wahnsinns Zucker und verspielter Kitzel.

Du bist der Menschen Gipfelsturm und Siegesvers,
Ihr fruchtbares Schmerzesseufzen und die leiseste Liebesklage,
Du bist des Lebens Wonnewille und ihr Wehewollen,
Ihr Amen, ihr Anmutsatem und aller Welt trunk`ne Ewigkeit.

Sorge

Wenn Fremdes und Unerfreuliches
Dich wie ein Raubtier anspringt, Gefahr droht,
Das Dunkel drängt oder eine Träne,
- dann werde ich da sein.

Wenn dich im bitter'n Gefühl
Ein Gedanke beengt, Unverständnis Antwort fordert,
Krankheit oder ein verregneter Tag bedrängt
- dann werde ich da sein.

Wenn sich die Nacht anschleicht
Angst zu atmen anhebt, Streit Schlichtung verlangt
Oder Behagen ein neues Zuhause sucht
- dann werde ich da sein,

Mehr denn je werde ich dann da sein,
In den magischen Kreis der Gedanken treten, inne halten,
Und aus den Zeilen der Erde Schutz
Für dich zum Glück erbitten.

Du

Gekettet an offene Worte
Sind wir alle das Buch der Stunde,
Zeugen und ein Erzähltes darin,
Worte auf abertausend Seiten
Des Lebens tragendem Geist auf
Seinem Gang ins Geschehen.

Himmel und Hölle in uns,
Atmen und arbeiten sich
Zum Fluge geschaffen
Schmerzlich und schön
Durch das Alphabet der Erde
Ins Unsagbare fort.

Wir steigen und stürzen dabei
Kopfüber und blicken täglich
In die unendlichen Zeilen
Eines leisen Wunders umher,
In dem du das schönste
Gedicht von allen bist.

Freude

Ich bin der forschen Bewegung Gelingen,
Ein Gen der Größe mit gewonnenem Blick,

Ich bin des Rausches reiche Ausdehnung,
Und die Insel seiner verlängerten Innerlichkeit,

Ich bin der johlende Sieg allen Verlustes,
Des Selbstgenügens Freiraum und Rüstung,

Ich, der Herr über Tatsache und Traum,
Der Welt Amen, Om und Angelpunkt,

Ich bin das A des Universums Alphabet, wie
Sein atmendes Nichts und ein All in alldem,

Ich bin ein Kreuz und eine formende Kraft,
Musik und Kunst, ein Kampf, ein Kreis,

Ich bin des Augenblicks Leben, und am Ende
Vielleicht des Gegebenen und Grabes Umarmung.

II
Niemandsland

Halt sie dir vom Hals:

Beschäftige dich mit ihr,
Aber halt sie dir vom Hals.

Nimm sie für voll,
Aber wisse, dass sie verrückt ist.

Bewahre Distanz und lies viel,

Denk` viel und diskutier` es mit dir
Und Freunden,
Von vielen Seiten fort,

Aber halt sie dir vom Hals.

Halte Abstand,

Fördere und fordere -
Dein Recht und deine Freiheit,

Verlange Luft dazwischen
Und Raum
Oder
Was dir sonst so schmeckt,

Verlange,-
Ohne aber den Respekt
Zu verlieren, Respekt

Vor Anderen und dir,

Aber halt sie dir vom Hals,
Verdammt noch mal.

Öffne Türen, reise und beweg´ dich,
Bleibe nicht stehen und
Befangen in einem Schema,

Wünsche tausend Horizonte
Der Auslegung und Lichter,

Frag` viel,
Hinterfrage und prüfe was sie sagen,

Befrag das der Anderen wie auch das meine, -
Aber halt sie dir vom Hals.

Kämpfe und lamentier` nicht,

Tu was, weil
Faul sein kann jeder,

Weiche ihren Schlägen aus,

Sei darum wie Wasser und Wind,

Steh auf wenn du fällst,
Oder es dich schneidet,

Denn: sie wollen dich als Diener
Ihrer Ziele und Erwartungen,

Sie wollen dich
Für ihre Zwecke

Und sie wollen dich
Immer
Ein wenig unter ihnen.

Darum: halt sie dir vom Hals.

Tritt ein und nimm teil,
Tritt ein in den Augenblick und - verweile,

Tritt ein,
Einen Schritt vor,
Tritt ein für die Sache,
Für die du stehst,

Tritt ein,
Ein für deine Überzeugungen
Und letzten Argumente,

Tritt ein,
Ein ins Niemandsland,

Tritt einen Schritt zurück
Und schau schief,
Schau von der Seite,
Schau dich um,
Spähe aus, sieh ein und genau hin,-

Aber halt sie dir vom Hals,
Verdammt noch mal.

Verehre ihr Wunder,
Denn wundervoll ist sie.
Staune über ihre Abgründe und Anmut,

Denke
Und lass denken
Lebe
Und lass leben,

Lass sie dich berühren,
Aber nicht
Ergreifen.

Stell` Gedanken zwischen euch,
Und gewinne Meter und Weite,
Wie durchsichtige Wände,

Aber halt sie dir vom Hals,
Die Welt und die Anderen,

Sonst würgen sie dich
Und deine Liebe
Und tun dir weh.

-
Also spricht die Wunde.

Abseits

Am Rande des Geschehens,
An Wolken und Gräser gelehnt,
Während das Blau
Sich ins Weite trug
Saß ich zwischen Zeiten
Und Sonne,
Ich,
Und nichts und niemand sonst,
Der für
Tausend Schläge des Herzens,
Nicht mehr
Als nur zu sein genoss
Und den Gedanken
Raum ließ,
Die sich wieder frei
Den Weg
Zurück zur Musik
Erfühlten.

Wohin

Es rinnt Licht
Und Dunkel
Durch die Dinge
Durch uns

Zur Welt

Wohin?

Wer weiß,
Welche Wege
Es geht,
Wir gehen,

Wir
Mit dem Licht
In der Hand
Im Gewissen und
Wissen
Im Ungewissen

Wohin
Es geht,

Mit uns.

Alles?

Eifrig sein
Und den Arsch
Abarbeiten

Über Tage
Bis zum Abend
Am Ende,

Aber: Wofür
All das?

Für das
Was ist!

Aber ist
All das
Was ist
Wirklich
Schon alles?

Das Andere!

Wo nun
Finde ich das?

Halt

Wenn alles schläft
Und du ins alte Leben heimkehrst,

Du zur dir in dein Zimmer,
In den Nachtregen der Gedanken,

Wenn der Tag nackt wird
Und sich sein Endliches entblößt,

Was hält dich dann noch
Über dem bodenlosen Schweigen

Einmalig und unersetzlich
Mit dem Bick in den Zeitspalt geworfen,

Was anderes, als jene Worte,
Die durch die Wirren den Weg zu dir finden,

Worte, die so bedeutend offen
Und beweglich wie Stern im Schwarz sind?

Stille

Sie trug Stille heute,
Ein schweigendes Gewand
Und unsichtbare Tränen
Als Silberschmuck im Schnee.

Nachdenklich stimmte mich
Ihre fallende Stirn
Und im schwarzen Blick legte
Der Tanz sich schlafen,

Während ich bei mir
Mit Worten aus Stein dastand
Welten bei aller Nähe
Uns für Augenblicke trennten

Und mir nichts übrig blieb
Als die Bitterkeit des Bleis
Im Beisein des Mondes
Zu schmecken.

Schicksal

Wir ringen mit uns

Mit dem
Was ist

Und dem was
Sein könnte,

Wir ringen
In Grenzen,

Schwimmend,

Über Wasser
Uns haltend

So lange
Es hält.

Wir liegen mit hungrigen Augen

Darbend
Nach den besten Wellen
Im Wind

Ohne Zuflucht letztendlich,

Bis wir kunstvoll ersaufen

Und das Wunder des Lebens
In seinen Tiefen
Sich
Zum Geheimnis
Des Anfangs wendet.

Raum

Dieser kleine Raum dort,
In der Ecke,
Am Rand zwischen belebteren Räumen,
Eine Kammer, kaum rund,
Eher kunterbunt,
Kubanisch, kubistisch gebrochen,
Zum Abstellen des Eingestellten gebraucht
Und geboren, -
Dieser Raum da mit dir und mir darin
Den geklebten Comics, dem Saatgut,
Weingläsern, einem Kochbuch,
Grünen Saugern und vielem mehr...

Dieser Raum dort, mit dir und mir darin,
Dieser Raum fürs Souveräne,
Mit einem Bergthron am Teppichboden,
Dieser Raum, in dem wir taumelten und
Uns berauschten,
Tauschten, austauschten,
Tiefer tauchten als der Raum erlaubte,
Lachten,
Träumen und die Zeit
In den Strudel der Zweifel zogen,
Indien und dem Erlebten neue Lebendigkeit verliehen,

Dieser Raum dort,
Der fragliche,
In dem wir fragten,
Hinter- be-, und vorfragten,
Dieses und jenes nicht Dumme auch aussagten,
Dieser Raum, in dem wir uns noch Zeit
Und nicht erziehen ließen,
Sondern so manches aus uns
Und an Schlüssen zogen,

Dieser Raum dort,
War schlicht und schön und er wird weiter da sein,
Nur - ohne uns wird er sein.
Dieser Raum dort wird da sein,
Aber leer bleiben,
Kalt und unbelebt,
Weil ein neuer Raum uns trennt,
Der aber überbrückt sein will,
Damit es wieder einen neuen Raum gibt,
Einen Raum,
Anders als dieser,
Aber mit dir und mir
Und unserer Freundschaft
In Gesprächen
Darin.

Zuflucht

Die leichten Sterne
Im Zimmer der Welten
Haben noch Spiel:
Ein Meer Nacht
Passt zum losen Rand hin
Zwischen die Zeiten,

Eine Fuge Unendliches
Bietet eine Zuflucht
Für unseren Begegnung
Und den Atem der Sehnsucht
Im offenen Mahlstrom
Der gesandeten Stunde.

Müdigkeit

Zu müde,
Um den schmalen Weg
In die Faltung
Der feineren Zeichen
Zu steigen.

Zu müde.
Darum gleite ich
In die Arme der Musik,
In die Weite
Der Bilder,

Ganz nah
Schon
In der Endlosigkeit
Der Träume
Bei dir.

Auszeit

Ein gelöster Blick
In die blaue Bewegung,
Ans Ende des Sichtbaren
Und die See hinweg,

Ein endloses Plätschern,
Ein Branden,
Ein ewiges Brechen
Der Wellen ins Weite,

Und ein Lachen,
Das entlang
Der Falllinie frei
Ins Offene läuft,

Der Linie, die wächst
Und den Tag
Mit gestattenden Gesten
Entgrenzt,

In dem ohne Bedenken,
Im Sand,
Alles einmal sein darf
Wie es ist.

Funde

Warten und
Welteinwärts sehen,

Warten und Worte
Kommen lassen

Im Gewand
Von Gedanken

Oder schmeichelnd
In Gestalt von Gesang

Als Lichtgabe aus dem
Was ist und war.

Warten und
Welteinwärts sehen

Warten und Worte
Kommen lassen,

Dann, wenn
Die Sorgen versagen,

Und die Weite innen
Ins Geschehen greift,

Die Einfälle aus
Dem Offenen umarmt,

Und das Atmen
Im Eigenen ermöglicht.

Familie

Süß schmeckt
Das Zusammensein zu Dritt:

Denn eine Frische
Durchspielt unsere Liebe.

Dabei sind die Tage routiniert
Und doch neu,

Da in uns ein Angelpunkt adert,
In dem sich alles entfaltet

Und tiefer über die Jahre
Ins Wir verwächst.

Spiegelstille

Die Stille,
Eine Tür

Zu einem Ort,
In uns

In dem Licht
Zum Raum tritt

Und ein Spiegel
In Bildern und Gesprächen,

Der Begegnung mit sich
Den Weg bereitet.

Anfang

Ich bin heimgekehrt,
Zum Anfang,
In den Ursprung,
In die Bewegung der Brandung,

Und trinke tragendes Meeresrauschen,
Als Gesang der Kraft zurück in mich,

Um das Getöse zu betäuben, dann,
Wenn alle Welt nicht mehr liebt
Und lärmt,
Und gegen Wände
Und wider das Wünschen läuft.

Dann trage ich die Melodie
Des Anfangs wieder nach Hause in mich,

Für Frieden am Fuß der Stunde
Und beginne mit den gottlosen Gebeten
Aufs Neue mit der Hoffnung
Bei Nacht.

Lektion

Die Liebe ist dein Leid,
Das Leid deine Liebe,

Aber frei lächeln wie früher
Sah ich dich lange nicht mehr,

Nur kraftlos singen und
Den Charakter der Tage beklagen.

Aber ist dies dein Weg
Zum Werden mein Freund?

Wer weiß um das Weitere,
Wenn nicht du im Stillen.

Entfremdung

Augenpaare in den Städten
Kreuzen sich
Tastend

Eine Suche
In der Herbstkälte
Zwischen den Häusern.

Eine Suche nach Seele,
Eine Suche nach
Wahrheit im Sinn.

Aber keine Worte
Sind in der Ferne
Verfügbar,

Keine Anteilnahme
Als beherzter Freund
In der verdächtigen Fremde.

Kein Lächeln,
Das Menschliches
Entkorkte und

Im leuchtenden Blick
Eine Linie zwischen
Uns zöge

Eine Linie, über die wir uns
Unbefleckt sehend
Zu nähern vermochten.

Aufatmen

Feuchtes plätschert
In den Adern der Berge,

Gedanken gehen aufrecht
Mit mir im freien Gang,

Und das Weiß der Kristalle
Knarrt im Erdkreis der Stille.

Ein offener Himmel
Beglückt mit Meerblau

Und ich schwimme
Mit den Sinnen umher

Dem Atem der Welt
In die endlosen Arme.

Wunsch

Der kalte Regen
Trat lautlos
Das Werk der Blätter ab,
Und aus deinem Blick
Löste sich fallend
Der Wunsch nach Flügeln:

Vermochte ich's,
Ich bescherte dir
Mit einem Schulterzucken
Gelassenheit und Auftrieb zur Süße,
Tanzte mit einem tödlichen Wort
Die grauen Wolken ins Blau,

Und flaniert mit dir
Über alle Berge und
Für endlose Zeiten
Von allen Sorgen weg,
Dorthin wo sich uns
Das bevorzugte Lachen,

Ohne größeres Zutun,
Mit Garantie und Siegel gibt.

Zeit

Wenn ich
Zeit finde,
Um in mich
Zu fallen,
Um mich wieder
Zu finden,
Um mich wieder
Zu fühlen,
Um nicht wieder
Zu funktionieren,
Dann fängst du
Mich noch immer,
Dann finde ich
Nach wie vor
Deinen Atem
Deine Arme
Deine Augen
Und deinen Geruch,
In mir.
Wenn ich
Zeit finde
Und nicht nur
Funktioniere,
Zeit finde,
Um in mich
Zu fallen,
Um mich
Wieder
Zu finden,
Um mich
Und dich
Wieder
Zu fühlen
In mir.

Du

Deine Liebe scheint unermesslich,
Deine Geduld, eine Größe,
Die oft untergeht und
Ungesehen bleibt
Im Gang des Gewohnten.

Du verausgabst dich,
Nahezu, stämmst
Für uns und
Das lachende Wachstum
Unserer Synthese den Tag.

Du nimmst die Ordnung
Fast fraglos in Kauf
Und trägst
Eine heilige Sorge für
Unser gemeinsames Atmen.

Du bist wie
Der vielbesungene Fels
In der Brandung,
Aber aus Glas, so schön
Und auch gebrechlich.

Sturmruhe

Die Hoffnung kämpft für Licht,
In Büchern und dem
Gebrabbel der Gebete.

Alles ist gut
Nichts ist gut.
Dazwischen
Wird es werden
Wie es wird,
Mit deinem Zutun,
Mit dir als Zutat
Als Opfer,
Als Täter
In der Maschine des Käfigs
Ohne Obrigkeit letztendlich.

Lieben wir? Wer weiß
In diesen Tagen, die schnell
Die Kleider tauschen
Für ein Werk in der Nacht,
Was der Taumel bedeutet.

Aber: Lass es fließen und gehen,
Im Abendland
An goldener Ader
Zwischen Antike und Tod,

Wie der schicksalslose Gesell
Und Schüler des Lebens,
Dem die mächtige Nacht droht,
Und der in die Waagschale geworfen
Am Bettrand steht,
Wach geworden
In stürmischer Ruh.

III

Dazwischen

Unsere kleine Liebe
Liegt dazwischen
Und teilt unser Glück
In wohlfeilen Stunden
In denen wir uns-
Übersehen.

Die Dämmerung
Dunkelt die Zelte
In denen wir lagen
Und sie kühlt das Meer
Aus dem wir uns
Den Honig der Jahre reichten.

Eine Berührung zu viel
Wüsste ich zu verkraften,
Haut zu Haut und
Die tieferen Worte in
Gemeinsame Höhen gelegt.

Ich werde nicht gehen,
Aber gib mir
Zwischen den Stühlen
Mit den Lippen
Ein Zeichen, das trägt.

Vergessen

Ich weiß
Nicht mehr wie
Die geöffneten Lippen
Deiner Münder
Schmecken,

Wie es sich
Anfühlt
In die Bewegung
Der Liebe und Berührung
Einzutauchen

Und verloren zu gehen

In Dir.

Liebe

Erzähl mir von Hoffnung,
Liebe

Erzähl mir von Glück
In der Nacht,

Erzähl mir von Freiheit und Geben
Und einem leuchtenden Kuss,
Der das Gewohnte
Zur Strecke und uns
Wieder Wachstum bringt.

Erzähle mir von Hoffnung,
Liebe

Erzähle mir von weiteren Zeilen
Für das Lachen
Der Liebe zu dritt.

Gegenwart

Da waren
Die anderen
Und Du
In der Stadt
Aber die Anderen
Waren
Nicht wirklich da,

Nur
Du.

Und du warst
Dein Wort
Deine Gesten
Dein Blick
Und deine Lebendigkeit

Unterm Mond
Auf der Bank

Neben mir

Warst du

Nur
Du

Warst da

Bist in Träumen
In mir
Und darfst
Dort bleiben.

Zeitpunkt

Mehr Zeit war
Uns nicht gegönnt,
Aber wir hatten
Unsere Zeit
Zu zweit.

Wir waren
Zu früh dran
Bevor wir uns trennten,
Zu früh in der Zeit
Zu zweit.

Aber wir hatten
Eine gute Zeit
Intensiv und zärtlich,
Mit dem Besten für
Diesen Augenblick.

Die Zeichen
Für unserer Stunde
Standen im Feuer
Und nicht für die Tage
Auf Dauer.

Aber ich danke,
Für diese Erfahrung,
Für diese reiche Zeit
Mit dir damals,
Zu zweit.

Auch wenn ich
Wie gestern kurz wünschte,
Wir hätten mehr Zeit
Gehabt, vielleicht,
Für mehr als zu zweit.

Schulter

Du fühlst dich
In Augenblicken allein
Und findest dich
Ohne Schulter,

Du findest dich
Unverstanden
In einer Welt,
Die schmerzt?

Dann denk an mich:
Und ich werde da sein.

Erzählt dem Wind
Deine Sorgen:
Er hört dir zu.

Übergib dem Wind
Deine Wünsche:
Er trägt sie hinaus

In die Weite
Für eine bessere Welt

In der du dich
Findest

An meiner Schulter

Im Wind.

Offen

Bei Tisch
In der Ordnung
In den bekannten Bereichen
Entglitten mir
Die klaren Gedanken bisweilen
Wie scheue Vögel aus der Hand
Und trugen
Mit Fragmenten
Eines Bildes von dir
Träume der Sehnsucht
In ein
Anderes Leben.

Denn es tanzen
Ungehörte Gedanken
Durchs Gefüge
Und halten
Die Nacht bewegt:

Träume
Von Glück
Im Dunkel gehalten,
Träume,
Die noch
Ohne Sprache sind,
Träume
Die Tränen brächten,
Und einer
Anderen Liebe den Tau.

Wandel

Wie bemisst sich Liebe
Über das Gewohnte hinaus?

Sind es die Augenblicke
Des höheren Lachens?

Oder sind es die Gedanken
Die in ein Gemeinsames gehen?

Sind es die freien und frohen Taten
Die Interessen teilen?

Oder ist sie nur das Licht der Lenden,
Mit einem Blick der Begierde fürs Bett?

Ist Liebe rein und offen und geben,
Das dem anderen das seinige gibt?

Oder sind es die schönen Wort
Die ich für dich und mich nicht mehr finde?

Was immer Liebe auch ist,
Wir sind nicht mehr was wir einmal waren!

Entscheidung

Ein Gang,
Ein einsamer Gang,
Ein Eingang
Am Waldrand
Ins Ungewisse,
Ins Leben
Weniger statisch
Und sicher
Aber mit mehr
Vielfalt und Farbe,
-
So zumindest,
Stell` ich es mir vor.

Sei tapfer und aufrecht
Und ein wenig schöner
Als damals,
Flüsterte der Wind
Auf meinem Weg
Zu mir
Dem Schnee
In die
Schwere.

Eine Entscheidung
Sucht
Ihren Mut für Morgen
Wie der Spaziergang
Zwischen den Stämmen
Im Dunkel
Einen anderen Tag.

Annäherung

Wir reichten uns im Dämmern,
Mit den Mündern leise die Spiegel
Und spülten ein steiniges Gestern
Aus den Gräben der Tiefsee.

Von Stuhl zu Stuhl versandt
Entleerte sich ein wartendes Dunkel
Und rückte die gelebten Tage
In ein gebrechlicheres Licht.

Worte gaben unserem Weg
Vor dem Riss eine Wende, und
Hoben die Selbstverständlichkeit
Unserer Liebe aus heiserem Schlaf.

Wir besahen unser Gemeinsames neu,
Schenkten uns Sätze aus Salz gewoben
Und Wünsche mit Ausblick auf Wandel
Für eine Liebe, die den ersten Tagen gleicht.

Fluss

Ein Lichtwort drehte den Winkel
Von mir
Und anderen auf mich

Da in den versteinerten Tagen
Ein Tiefes
Sich aussprach.

Klar und rein
Wie ein
Dankendes Gewässer

Von Schlamm und Schleiern
Bereinigt
Fließt es nun

Und ich
Auf dem Weg
In den Morgen der See.

Frage

Du fragtest,
Was noch an Liebe
Da ist – für dich.

Und ich
Nahm ein altes Buch
Aus dem Regal,

Und suchte
Nach einer Antwort
Auf den Seiten
Eines anderen Autors,

Denn was noch da ist,
Ist nicht weniger
Als die Frage
Was Liebe ist?

Weniger!

Du, der
Du das deine willst:
Wolle weniger!

Auch wenn
Die Nacht treibt,
Und über den Bogen des einmaligen Blicks
Der Schatten sich wölbt!

Du, der
Du das deine willst:
Wolle weniger!

Denn
Woher weißt du
Dass das reuelose Leben
Sich voll und reiner als offen zu sein
Ins Unendliche weitet?

Du, der
Du dir nicht
Aus dem Sinn gehst,

Du, der
Du das deine willst:
Wolle weniger!

Wolle weniger
In deinem Sinne,
Wenn du nicht willst,
Dass eure Liebe deine Verwirklichung erleidet
Und eure Tage sich leeren.

Band

Du zeigtest dich
Auf dem Stuhl
In der Stille,
Du zeigtest Wünsche,
Zeigtest Narben
Und zeigtest Mut.

Und indem
Es heraustönte:
Du aus dir

Und indem
Es heraustönte:
Es aus mir

Sah ich dich anders
Sahst du mich anders

Und

Wir knüpften
Die losen Enden
Die wir waren
Zu einem Band
Zusammen,

Das hält,

Wenn wir
Es wollen.

Hingabe

Geh ins Offene,

Gib die Maske zurück
Die man dir lieh,

Gib der Nacht den Tod
Und kehre dem Dunkel den Rücken,

Gib den Ketten
Der Anderen die Blöße
Und die Antworten, die befreien.

Geh ins Offene,

Lass die Kostüme aus
Und ihre Rüstung alt erscheinen,

Lass den Mond an deiner Seite
Die Gezeiten malen

Lass deine Hingabe groß sein
Und die Falten verstreichen
Für einen unschuldigen Tag.

Geh ins Offene,

Gib dem Tag mit Ton und Tat
Deine verheißene Richtung,

Gib dich hin und gib dem Geber.
Weil er das seine gab,

Gib das deine hinfort,
Um wieder leicht zu werden
Wie eine Sonne, die tanzt.

Geh ins Offene

Gib und lass
Gib und lass gehen

Geh zurück zum Anfang in dir,
In die Arme
Deiner zweiten Geburt.

Vagabund

Wie der Mond bin ich,
Ein Vagabund der Nacht
Ein Auge aus Meermilch
Und erstem Erwachen,
Das auf und ab, um den Tag
Der Erde zur geschenkten Stille steigt.

Ein Vagabund der Nacht,
Der Verwunderung nicht müde
Und einem Stand zwischen
Den Stühlen der Gestirne:
Ein Trabant aus Leere und Stein
Auf der Höhe seiner Bahn in Gedanken.

IV

Meerblick

Kein schlagender Gedanke,
Nur Weite,
Frohe Leere und Farben,
Die zerflossen.

Nur ein Gefühl
Des Dankes
In der Ansicht
Der kleinen Unendlichkeit
Vor mir
In mir
In uns
Das Eine
In das wir gehen.

Danke
Für den Atem,
Danke
Für das Augenlicht
Und die erlebte Ernte der Stunde,
Die mir
Das Gold des Glücks
Zum Horizont
Des Tags trug.

Raum 404

Zwischen den vier Wänden
Wechselt schon bald die Bettwäsche.
Wechselt der Halter des Schlüssels.
Wechseln die Fernsehprogramme,
Wechselt mit mir der Bewohner.

Zwischen den Wänden wird
Bald ein anderer den Blick
Aus dem Fenster ins Freie werfen,
Auf die Wände, die Menschen
Und die Nuancen im Grau.

Zwischen die vier Wände
Werden andere kommen
Und dort wohnen,
Für Tage und Nächte
Feste feiern, verkehren
Träumen, ausgehen
Die Pubs besuchen,
Einkaufen, begehren,
Denken, ihre Erfahrungen machen
Und sich irgendwie fühlen.

Ein anderer wird kommen,
Diese vier Wände bewohnen,
Die Menschen werden wechseln
Ebenso die Bettwäsche
Und die Fernsehprogramme,
Aber niemand wird es so sehen
Wie der andere und ich.

Denn:
Jeder ist anders
Und allein.

Heimkehr

Früher lebte mehr Vermissen,
Als ich unterwegs und weg war,
Denn das Zimmer im Hotel
Mit wenig war mir genug:
Mehr brauchte ich nicht
Für den Frieden mit mir.

Ich hoffe nur, dass das Haus
Und der Rest der Ordnung
Mir nicht zu viel wird, mir,
Der das Einfache und Offene liebt,
Das in der schenkenden Geste,
So sehr der Reise gleicht.

Sehen

„Normalität" ist nur ein Wort,
Aber: das Leben sprengt es, wer sieht:

Sieht wie am Morgen der Tag
Sich aus Träumen kämmt
Und neu und unerlebt aufwacht,

Oder das Lächeln am Rand glänzt
Als Wort in frischen Gewändern.

Der sieht, wie der Vogel die Luft im Flug ertastet
Und der Wind im Geäst immer jung singt,

Wie die Wolken sich wandeln und wechseln
Und der Gedanke sich frei spielt,
Um sich vom Allgemeinen zu lösen.

„Normalität" ist nur ein Wort
Aber: das Leben sprengt es, wer sieht,

Sieht, wie auch das Licht aller Tage frisch fällt
Und die Nacht sich in neuen Farben erhebt,

Oder ein jeder Mensch unverkennbar an Würde
Einem schönen Splitter des Kosmos gleicht.

Der sieht, wie sonderbar und weit die Deutung
Und das Aroma eines jeden Dings drängt,

Der sieht, wie offene Sinne Pforten sind
Durch die du und der Augenblick gehen,
Und das Besondere in allem unablässig
Und schweigend ins Licht tritt,
Um sein zu wollen, wie alles eigentlich ist:
Eigen, wundersam und einmalig.

Nachtrand

Die Ruhe bei Nacht,
Die Ruhe am Rande
Im Spalt einer Sekunde,
In der die Geschäftigkeit endet,
Und der Atem sich weitet
Bis die Gezeiten sich spiegeln
Und der Bogen des Blicks
Neue Deutungen der Träume umspannt.

Die Ruhe bei Nacht,
Die Ruhe am Rande
Im Spalt einer Sekunde,
Wo sich das Funktionieren verflüchtigt
Und die Stunde sich öffnet,
Die den Augenblick hält und
Dem losen Gedanke hilft
Wieder heim zum Licht der Mitte zu finden.

Dank

Wenn anders sein könnte
Was ist,

Aber gut ist,
Was ist,

Wenn es bereichert, beschenkt
Und es genügt,

Dann ist
Dankbarkeit angebracht,

Da es sich
Nicht von selbst versteht

Dass gut ist,
Was ist.

Impressionen

(Sils Maria)

Es war als
Liefe das Licht hinauf
Zum Grat der Gipfel
Und die Wolken trugen
Den Glanz ihrer Farben
Freigiebig und weich
Über die Wölbung des Gebirgs
In den offenen Spiegel
Der schwebenden See.

Es war als
Schmiegte sich getragen
Die Höhe des Abgrunds
Und die Weite des Tals
In die Bilder eines Traums,
In dem aller Widerspruch
Gewicht verlor und ein Augenblick
Sich erneut in die Hände
Einer endlosen Stunde gab.

Nietzschezimmer

Ich warf einen langen Blick ins „Nietzsche-Zimmer",
In dem ein Bart breitläufig auf dem Bette lag,
Und ich vernahm darin neben seufzendem Gewimmer
Ein befreites Lachen über einen schaffenden Lebenstag.

Das Zimmer, klein, schön schlicht, karg und spärlich,
Damit keine Bild und Öse die Gedanken band
Und so ein Feuer-Werk, wild, spaltend und gefährlich
Ohne Zerstreuung den Weg zur Sprache fand.

In diesen vier Wänden wurde gegessen, gelitten,
Geschlafen, sich gewaschen, gedichtet und gedacht,
Es wurde geschrieben, auf und ab geschritten,
Hinab zum Mensch und jenseits von Moral zur Macht.

Zwischen Glockenschlag und der beredeten Stille,
Gebaren sich in diesem sich eröffnenden Raum,
Nietzsches leichtfüßigsten Werke und der Wille
Zur Zukunft und zum Tanz in Zarathustras Traum.

Worte

Die Worte,
Die mich einholen
Und die ich nicht halten kann,

Die Worte,
Dich mich nicht halten
Und die ich nicht handhabe
Wie ein Werkzeug,

Die Worte,
Ohne Boden in der Bedeutung
Und endlos
In ihrer Bewegung,

Die Worte,
Die mich einholen
Und mich heim holen

Die Worte,
Die mich hinhalten
Und in den Abgrund hineinhalten,

Die Worte,
Zwischen denen das Schweigen
Der Angst und die Weite liegt,

Die Worte,
Nur die, nur die bleiben nun mal,
Die Worte,
Nur die und hoffentlich Du,- sonst nichts…

Wasser

Sei wie Wasser,
Das vom Gipfel fällt,
Und sich dem Gesetz
Seiner Freiheit beugt,

Wie Wasser
Mit Vertrauen im Fall,
Bahnbrechend in der Bahn,
Vor der Biegungen der Geraden,
Und bereit zum Sprung ins Spiel
Hinweg über die Stufen der Tage.

Sei wie Wasser,
Von Stein im Sturm
Oder zart und tragend
In der gewünschten Bewegung,

Wie Wasser,
Selbstvergessen im Fluss,
Und mit Vertrauen im Fall
Von der Quelle der Gletscher
Hinab zum Himmel der Meere
Als Arme der Mündung.

Distanz

Atme
Die Weite der Worte und
Der Distanzen,

Atme
Einen Schluck der Umfänglichkeit
Des Raums,

Atme
Die Freuden der Stille
Im Ganzen,

Atme
Einen Schluck der Kunst und
Des Traums,

Atme
Dein kleines Glück und
Sprich.

Atme
Ins Offene und atme Dich
Zurück in dich.

Sommertag

Hohes Licht im Mittag
Und keine Erwartung, die ruft.

Eine Stunde Milde und
Unbebaute Leichtigkeit
Mit der Einladung zur Mitte
Zwischen den Zeichen zu ruhn.

Die Elemente plätschern,
Musik greift ins Blaue
Wie die Stimme des Windes
Sich ins Werk des Sommers trägt.

Glück ist bereitet, in einer langen
Gegenwart, die währt.

Gebirgsseele

Was will mich der Geist des Gipfels lehren? -
Du sollst dich in der Freude der Weite üben,
Und dich nicht mit unnötigem Ballast beschweren,
Nicht die Tage mit zu vielen Zweifel trüben,
Eher noch ihre Schönheiten aufsuchen und ehren,
Mit Stein auf Stein geduldig dein Werk erbauen
Und in den Reichtum des Raums vertrauen.

Aussicht

Ein Licht schenkt der stille Blick
Den Vögeln und Wanderer droben:
Der Mensch, mit aller Gier und Geschick,
Ist der Erde Sohn, Fluch und Vermesser,
Und als Teil ins Ganze gewoben,
Ist er nicht alles und auch nicht besser.

Abseits

Tauch ein in die Stille der Alpen,
In die Gewässer der Klarheit
Nah bei der uralten See,

Tauch ein in die Quelle des Anfangs,
Ins Alphabet der Höhe
Abseits der Stunden,

Tauch ein, wo freier ein Gedanke sich gibt,
Freier als unter rechnenden Menschen
Und jagenden Bildern,

Wo sich Meinung auf Meinung wälzt,
Und bald keiner mehr findet,
Der sich noch fühlend führt.

Strandtag
(Côte d`azur)

Da ist
Gekreische von Kindern
Im Sand
Und ein geprellter Ball
Aus dem Süden,

Da ist Bassmusik und
Ein Motor der brüllt,

Da ist Tratsch
Da ist Bedürfnis
Und Sachlichkeit,

Da ist die Akustik
Eines Verkäufers
Am Rand der Gezeiten,

Da ist schweiglose Sprache,
Da ist Französisches
Und Deutsches
Belgisches und
Niederländisches
Und Italienisches
Ins Kauderwelsch gemischt.
Da ist Politik in Fetzen
Und der Sex im Gesagten,

Aber zwischen allem
Wirft der Wind
Welle über Welle
Und nimmt in der Brandung
Die flüchtigen Laute
Heim in den endlosen
Raum seiner Musik.

Wellen

Ich fand mich in den Wellen wieder
Überwarf mich
Mit dem Kleid der Moleküle
Wie ein Kind ohne Sorge.

Ich sprang
In den Kamm des Getöses
Und tanzte mich
Mit den Salzen der See
Frei und leicht
Für das Offene der Tage und Taten.

Im Rhythmus einer blauen Bewegung
Wogte ich
In den Armen der Winde
Wie ein Tänzer im Vergessen.

Ich sprang
In den Klang eines Gebets
Und taumelte
Zur Unendlichkeit gewandt
Trunken und froh
In den Zauber aus Atem und Spiel.

Plastikmenschen

Der Mond,
Der steigende,
Und das Meer,
Das Offene,
Darunter:

Ein Nebenschauplatz,
Ein Kitsch der alten Ordnung
Für die meisten
Die feiern, kaufen, ficken
Und vergessen wollen.

Aber vergesst nicht:

Der Mond,
Der steigende
Und das Meer,
Das Offene,
Darunter:

Sie werden noch leuchten,
Und Licht spiegeln
Wenn in unseren Häusern
Kein Licht mehr brennt.

Etwas Ehrfurcht kleidete
Uns menschlicher,
Vor der schwarzen Schönheit
Die über unsere Stunde zeigt,
Die uns ins Spiel brachte -
Und am Ende umbringt.

Jo, bro!

Drum vergesst nicht:

Der Mond,
Der steigende
Und das Meer,
Das Offene,
Darunter:

Sie werden noch leuchten,
Und Licht spiegeln
Wenn in unseren Häusern
Kein Licht mehr brennt.

Lebensfeier

Der satte Geruch des Meeres am Morgen,
wenn das Salz ungesehen daher geht;
die Klarheit der Luft, wenn der Regen
durch die Furchen der Straßen wandert und
sie rein wäscht; das Brot, wenn es noch
warm ist und duftet wie ein Bündel
Rosen am reicheren Wegrand...

Das Meer beim ersten Tauchgang des Tages,
wenn es den Körper weckt, umfasst und
mit eigener Geborgenheit umfängt;
der Sand, zerklüftet von zahllosen Schritten,
der kitzelnd durch die Faltungen der Finger
fließt und unter den Füßen knirscht und
kribbelnd wie wohlwollendes Eis ist...

Der Wind, der die Haare des Leibes
wie Schilf streichelt und nicht bricht,
der die Wangen berührt und dabei sanft
und doch leidenschaftlich in seiner
erhebenden Woge bleibt und den
Puls der Erde zum Schlagen bringt
ganz so wie ein Kuss sich ereignet...

Der rote Wein, trocken und schwer,
aber poetisch wie Wasser von Trauben
an noch goldener Rebe, und das Salz
der Erde und des Meeres auf den Lippen,
dass wie die Süße gebrannter Mandeln und
die Frische von Melonen am offenen Mittag
zum Triumph der gelebten Stunde trägt.

Die fortlaufende Brechung der Brandung,
wenn die bewegten Gewässer als Welle
wiederkehrend beherzigen an Land zu gehen;
die reiche Stille, die die eigene Stimme
und Möglichkeit der Reinheit weckt und
von den Verlockungen der Geschäfte
nach Innen in ein eigenes Wachstum lockt.

Die Worte der Menschen, die beizeiten kalt
und hart klingen als schlüge Eisen auf Eisen,
die aber auch wie Schlüssel zur Türen
und Welt sein können, die den Raum
der Gedankens weiten und mit dem Tau
der Musik füllen, ganz so wie das Lächeln
des Kindes zum Genuss des Moments gemahnt.

Das Azur des Himmels, das das verlorene Schwarz
der Nacht verflüchtigt wie auch das Türkis
der Ozeane sich anhebt und ausbreitet und
ein Meisterwerk in der ersten Morgenröte
zu Füßen der Menschen malt, ebenso wie
das Licht in der Stunde des Aufgangs
in uns die Heimkehr der Farben feiert:

Rot wie Blut und Blumen aus der Familie
der Rosen, Blau wie der Blick in die Buchten und
das Braun der fruchtbaren Erde und Stämme
der ehrwürdigen Wälder, Grün wie die Kronen
der Bäume und gepflegten Weite der Felder,
das Grau des Gesteins, das Ewigkeit spiegelt
und das Lila der feisten Blüte in wildem Beet.

Auch das Gold des Sandes feiert sein Dasein
wie das Weiß des aufgehenden Mondes sich
geschmeidiger als Milch ins Blau der endlosen
Bewegung des Glücks fügt, Glück, das das
Gelb frei in der Gabe der Sonne eröffnet. - Danke!
du Gott! für den gereichten Zauber der Dinge
und die Teilhabe am gedeckten Tisch der Tage.

Danke du Unbekanntes und Geheimnis
Das gibt, danke du Wortloses für Sprache und
das Wunder des Staunens in geschenkter Stunde,
Danke für Atem und Gedächtnis, für Familie
und Freunde, für Gesundheit und die Freiheit
des Gesangs und den Segen der Sinne. - Danke!
denn: Leben ist groß und dies Dasein heilig.

Besinnung

Wenn man einem Menschen danken will,

Danken
Für Mußestunden
Und das duldsame Verständnis,

Danken
Für Kritik,
Die zurechtweisende Erwiderung
Und die Kultur des feineren Streites,

Danken
Für die Augenblicke des Lachens
Und des lachenden Tanzes im Alltäglichen,

Danken
Für die bejahte Verletzlichkeit
Und die eröffneten Schätze,

Danken
Für die neuen Blickwinkel,
Die erbaulichen Worte
Und erforschten Landschaften,

Danken
Für die Wärme
In einer frostigen Welt des Wettkampfs und der Wände,

Danken
Für den gedeckten Tisch neuer Tätigkeiten
Und den Austausch aus Tiefe,

Danken
Für die geteilten Güter
Und die freie Güte,

Danken
Für die Ordnung
Und das gemeinsame Wachstum,

Danken
Für Vertrauen, Trost,
Treue und andere kribbelnde Zärtlichkeiten,

Wenn man wem so oder ähnlich danken will
Jemand gefunden hat, man danken darf,

Dann kann man sich,

Dass weiß
und glaube
und fühle ich,

Glücklich schätzen und kurz und
Knapp und ohne Kitsch auch

Ich liebe dich

Sagen.

Und:

Ich liebe dich

Mit diesen Zeilen
Als Dank.

Mögliches

Was wäre,
Wenn die Sonne den Nektar des Taus schmeckte
Und
Die Steine Wachstum spürten und sähen wie es ist
Ein Baum zu sein?

Was,
Wenn das Gras die Farben der Morgenröte röche,
Und
Der verregnete Tag das Wesen des Azurnen
Mit nur einem Blick in sich aufnähme?

Was wäre,
Wenn die Erde die Musik der Nacht hörte
Und
Die Menschen den Gedanken und Herzschlag
Des Entferntesten fühlten?

Was,
Wenn die Rosen es vermochte die Sprache der Wolken zu lesen
Und
Das Blatt Papier über das der Stift streicht
Die Stimmung der Erde einsöge?

Was wäre
Wenn der Asphalt die Schritte der Flaneurs spürte
Und
Das Atom freigiebig in seinem Herz und Zentrum
Dem Universum Obdach anböte?

Was wäre,
Wenn der Unterdrücker die Unterdrückung vernähme
Und
Der Reiche an eigener Ader die Schmerzen
Der Armen als Ablass empfände?

Was,
Wenn jeder Gedanke seine Ketten verlöre
Und
Duldsamkeit in den Straßen und Netzen mehr als nur
Ein Gedanke wäre?

Was wäre,
Wenn jeder und jedes sein Mögliches erschöpfte
Ohne aufgebracht zu sein und die Menschen,
Aus Liebe und einem diamantenem Kleid gewoben,
Sich neu erschüfen?

Konstellation

Wir atmeten auf, zu Dritt im Garten,
Sie spielte mit Wasser - und du?
Ich sah dich sehend und warten:
Du schautest ihr beim Wachsen zu!

Ein Lächeln, leicht wie Sonnenlicht,
Umspielte leise deinen Mund
Und die Musik in deinem Gesicht
Gab das Glück einer Mutter kund.

Ich zählte im Garten der Dritte,
Schaut euch zu und den Augenblick an,
Und war in der Konstellation der Mitte
Ein stolzer Vater und glücklicher Mann.

Lücke

Der Schlüssel steckt nicht im Schloss, du hast ihn mit,

Du fehlst

Die Treppenstufen knarren nicht von deinem Schritt,

Du fehlst

Meine Augen haben keinen Anker in den Deinen,

Du fehlst

Die Stille durchzieht ein Rauen, ich hör sie weinen,

Du fehlst

Der Tag ist leer und hält alle Zeiten bereit,

Du fehlst

Aber keine Zeit für Lachen, Gespräche und Zärtlichkeit,

Du fehlst.

Träume

Es lebt ein Traum
Behütet die Jahre
Hinter den Lidern.

Im Griff danach aber
Verbrennt sich
Die Hoffnung oft
Die Hand, die Halt
In den Bildern der Zukunft
Erwünscht.

Doch lass
Die ersehnte Wirklichkeit
Nicht fallen:
Es wird schon werden.

Durch dein Zutun
Wird es werden.

Vielleicht anders als erwartet
Wird es werden,
Aber: es wird werden,

Werden wie du
Verwachsen
Mit deinem Traum.

Offen

Der Zeiger im Zimmer
Fällt kopfüber
In die Abgrund der Stunde
Und eine tönende Stille
Beherzigt einen
Umgreifenden Empfang
Für den Raum.

Draußen derweil
Im Wolkenverhangenen,
Trägt Wind und die See
Sand und Salz
Über den Kopf der Gräser
Ins Dunkel zur Düne
Des erwarteten Tags.

Immerfort lacht das Meer
In der Nacht
In der Vorstellung eröffnet,

Innen und außen
Erscheinen endlich
Als unendlich und eins.

Farben

Ich müsste Maler sein,
Um zu singen,
Was ich in den Farben fühle,
Die mit den Füßen im Sand
In die Arme meiner Augen fallen,

Was ich fühle,
Wenn der Himmel hochgewachsen,
Wie ein Chor aus Glas
Sich über die geschenkte Erde wölbt,
Und die sehnenden Wolken
Gebrechlich wie Berge werden
Und die Bilder sich wandeln,

Was ich fühle,
Wenn die Sonne
All das All und den Tag
In heiteres Licht tunkt
Und der Himmel leichtfüßig
Übers spiegelnde Wasser läuft,
Bevor der haltlose Blick
Sich am Ende des Sichtbaren
Im Blauen findet,

Was ich fühle,
Wenn das Licht meine Augen
Mit der Geste
Der Anwesenheit grüßt,
Dafür, dass ich sehen und
Da sein darf,
Mit den Füßen im Sand
Und den Farben,
Die ich fühle.

Meer

In der Brandung:
Ein gespiegelter Atem,

Ein Plätschern und Fluten,
Ein zeitloser Gang.

In den Gezeiten
Ein Wundern und Bluten:
Ein erster und letzter Gesang.

-

In unauslotbaren Tiefen,
Ein allumgreifender Wille,

Und ein Schnauben und Schniefen
Jenseits der endlosen Stille.

In sprechenden Weiten
Die nichts verbriefen,
Gibt es keinen gebotenen Halt,

-

Geworfen in die Gezeiten
Einer überantwortenden Gewalt.

Meermondnacht

Mond im Rücken
Der die Dünen versilbert,

Meer im Blick,
Das eins mit dem Sturm tobt

Und einen Weg in der Sehnsucht
An Land sucht.

Dazwischen
Stehe ich am verwilderten Ufern

Ich, in der Mitte
Im Sand der Uhren gefasst,

Mit Ehrfurcht
Und wachem Staunen

Vor den Mächten
Der ewigen Stunde,

Die mich klein sein lassen
Und groß im Wissen,

Die durch mich durchwandern
Ganz so wie Worte

Als wäre ich Luft
In den Adern der Erde,

Und ein Strahl Licht
In den Gewässern der See.

Preisgabe

Wir entkleiden uns
Körperlos

Entkleiden uns
In den Zeichen des Sinns,

Entkleiden uns
Und geben preis,

Was Raum und
Kein Ende an Bedeutung hat.

Entfaltung

Einfalt: eine Fessel
Und Angst:
Verschwendung formlich,

Wie ein Keim,
Der war
Und nicht Baum wurde.

-

Entfaltet aber
Will ich gehen,

Gehen, um mich
Den Himmeln
Als Freund
Näher zu fühlen.

-

Entfaltet aber
Will ich sehen,

Sehen, wie der Raum
Am Ende der Äste
Sich dem Licht
In die Arme legt.

Reisen

Nächte in der Fremde,
Die ich wie Honig genoss,
Genoss unterwegs zu sein
Wie ein Mönch unter Monden
In den Mauern der Welt…

Gott suchte ich nicht
In den endlosen Städten!
Nur mich und zermalmende
Schönheit der Alten aber
War´s was ich fand.

An den Rändern der Erde
Wohnt Abgrund und Weite
Und Wissen wird lebendig,
Wie winzig und allein wir sind!

Drum, liebe und sing
Deine Lieder der Reise
Mit dem Rücken zur Wand
Und losem Wind in den Taschen.

V

Müdigkeit

Ein gewöhnlicher Tag
Der sich sitzend zersetzte.

Nun atme ich noch
Den Rest der Nacht
In haltlose Müdigkeit getaucht:

Jede Faser spannt.

Die Gedanken
Laufen
Ins Leere

Und

Die Welt liegt klebrig
Und mondschwer
Auf meinen Lidern.

Schlaf

Schlaf,
Der den Tag schließt
Und uns
Ins Schweigen legt:

Traumlos,
Offenbart er Erinnerungen
Ans Unendliche,
Ganz so, als gingen wir ganz.

Und im Nichtsein dann
Blüht
Liebesheimlich
Kurzes Vergessen.

Fülle

Wie Leere
Und Fülle
Ebbe
Und Fluten
Der Leere
Zum Anfang
Ins Offene folgt,
So weiß
Mehr und
Weniger
Der Mensch
Auch um Meer
In sich.

Wahrnehmung

Die Wipfel, vom Traum aus,
Durchs Fenster besehen
Wecken Erinnerungen,
Wie sie tonlos und sanft
Vom Winde berührt
Im Endlosen wogen:

Sie gleichen,
Sorgenfrei und leicht
Von der Strömung
Schweigend bewegt,
Der Schar der Gräser
Am Tag in der Tiefsee.

Aber hier wie dort unten
In Wasser und Wind
Ist die Stille der Grund,
Der die Welten segnet,
Damit sich in anderem Licht
Wahrnehmung ereignet.

Gang

Wir kommen
Als Ungefragte
Fast rein und nackt,
Und gehen
Durch Erfahrung
Geformt
Ins Offene
Ohne viel mehr.

Dazwischen:

Regen und
Rohe Sehnsucht
Nach Sinn
In losen Tagen der Sonne
Und dem, was wir
Säten und sahn
Und zum Glück
Der anderen gaben.

Leidenschaft

Ich gebe dir rot
Und gebe dir Bilder
Ich gebe Hunger und
Einen wilden Kuss,
Der sich bemüht.

Ich gebe dir Gedanken
Und gebe dir Brot
Ich gebe der Bleiche
Und ein Augenpaar,
Das für dich glüht.

Bewegung

Zwei Beine,
Die brennen wie blau und

Bisweilen Stunden lang
Wie Säulen im Vorankommen tragen.

Ich bin dabei gern allein
Auf dem Asphalt in Augenblick und Atem,

In Gedanken offen für Zeiten
Auch unter verhangenen Himmeln,

Mit Ungebundenheit
In der wiederholten Bewegung

Und dem Gefühl der Freiheit
In den ausgetragenen Taschen.

Nebelnacht

I
Die Nacht stülpt sich
In den Straßen nach innen:

Nebel fällt ein
Wie sich vereinzelt
Verlorene Blätter
Zur Mitte lösen.

II
Erste Sterne im Abseits
Und freier Atem dann

Darunter finstere Figuren
Der alten Wälder im Nebel

Stille herrscht ansonsten
Im Aufstieg der Schritte.

III.

Nur die Füße erfühlen
Die Umrisse des Gesteins

Und meine Augen ertasten
Einen Fortschritt im Dunkel:

Alles scheint zu schwarz umher
Für ein geteiltes Bild.

IV
Ein hungernder Blick
Zu den Sternen bleibt:

Die Konstellationen
Sind alt und müde:
Die neuen Linien
Liegen nun bei mir.

Morgenmusik

Ein erster Ton Musik
Am Morgen:

Ein Lied
Nimmt mich
Ins Erinnern auf,

Es heißt mich willkommen
Und
Webt in Farben aus Klang
Kleider
Für einen Nackten.

Eine gütige Melodie
Ergreift mit Gesang,

Hebt im Takt
Den Schleier des Schlafs
Ins Vergessen,

Und Gedanken im Tanz,
Entwerfen
Träume wie getragene Bilder
Zur Sänfte
Des erwachenden Tags.

Blüten

Sie gibt sich
Und zu denken auf,

Sie beschreibt offen
Und umschreibt neu,

Mit Sinn und Bild,
Sinnen und Sinnbild,

Mit Umbrüchen des Ichs
Als Musik eigenen *Weltens*,

Denn, im freien Zimmer
Zwischen den Zeilen,

Wo im deutbaren Wort
Die eigene Weite wohnt,

Verwandelt sich Sprache
Im Gedicht zur neuen Blüte.

Schattenneige

So roh
Im Mund?
Nicht gar
Die Gedanken?
Warum nur-
So dunkel?

Schattengeneigt
Sind die Tage
Nach- und auch
Vordenklicher,
Zerdachter als
Sonst zu zwei Seiten,

Denn: Nachtschoffiert,
Im Schönsten
Finde
Ich mich
Schon wieder
Zerrissen und leergelebt
Am bekannten Ort
In mir.

Kommendes

Es
herbstet umher
Und Innen,

Dort wo sich
Leben als Erlebtes
Feierte und fand,

In Städten,
In Stunden der Straße,
Am Gestade der Gipfel,

Fallen nun Farben
Aschfahl in Folge
Ins Gedächtnis

Und tragen
Die Hoffnung
Des bereichernden Werdens

Im Keim
Der Erfahrung
In die reifende Weite.

Sonne

Licht
Am Rand
In der Stille der Felder,

Licht
Im Nebel
Am Nabel der Welt,

Licht
Zum Tage,
Ein Jenseits der Gelder,

Licht
Der Erde,
Das Werden erh(a)e(l)lt.

Blatt

Ein Blatt des Kelches
Auf dem Fenstersims
Liegt dort welk
Und ohne Schuld.

Es trank, blühte,
Fiel und fühlt sich wohl
Aufgehoben, dort
Am Zimmerrand
Sinnvoll eingefügt
In die sich
Wandelnde Ordnung,
So ganz
Außer Frage gestellt.

Letztes

Die Gläser
Die zur Neige gehen
Gleichen dem Tag:
Sie füllen sich neu! –

Bis auf ein Letztes.

Charakter

Es gibt Menschen, gemacht für den Hafen,
Es gibt Menschen, gemacht für die Sehnsucht der See,
Es gibt die Gehorsamen, Tüchtigen und Braven
Und jene, die gemacht sind für Abenteuer und Weh.

Anker

Der offene Himmel
Über mir:
Ein Decke Demut
Bei Nacht.

Ein triumphaler Anblick, der
Verwundert,
Ob ein Anker außerhalb
Dessen fasst,
Wo meine Füße
Stehen.

Es ist nicht alles nichts,
Hoffe ich,
Und hebe den Blick
Umher.

Meine Augen wandern
Hungrig und kalt,
Mein Atem kristallisiert sich
Zur Bedeutung
Und ich trage am Ende
Sinn in ein paar Zeilen.

Bahn

Ein Ereignis buhlt,
Um Aufsehen gern,

Die Augen harren
Geil auf Bilder,

Angstbeschworen,
Die Hysterie:

Wie immer wird
Sich etwas ändern,

Weichen werden gewiss
Auch neu gestellt,

Aber: die Bäche
Werden weiter plätschern,

Der Wind wird
Die Blätter tragen,

Und auch der Mond
Bleibt in der Bahn.

Weltumkreis

Die Bilderwelt ergießt sich in
Geschnatter und Spekulation.
Das Unbekannte macht mürbe
Und zu schaffen, schafft Paranoia
Druckfrisch in den Gazetten.

Die Zukunft, totgeredet,
Mit Schlagzeilen überschlagen
Erschlagen, weil: es führt wer
Bunt in den angeblichen Alptraum und
Neuen Untergang des Westens.

Bildervergessen, weltzugewandt aber,
In den Wirkkreis der Sinne gestellt,
Ist Reichtum zu genüge da, da –
Wo das Auge sieht und liebt
Und die Sonne sich spiegelt.

Verkörperung

Nachts, das Licht der Lampe
Aufs Blattgrün gelegt,
Zwei Träumende daneben
Tief in Decken gehüllt,

Und zwischen das Plätschern
Der Regentropfen am Fenster
Fällt mein Atem raumwärts
Und verkörpert die Zeit.

Sehen

Ein Tag
In der Arbeitsindustrie,
Frei ohne
Äußere Taktung:

Nur wir zwei
Zweisam,
Mit Zeit
Zwischen den Kleidern.

Ein Tag,
Der uns beiden
Wohltat
Da wir erneut sahen,

Was abseits
Die Worte der Lippen
In Samt gesagt
An Eigenem verhießen,

Und mein Blick
Sich *wieder ruhend*
Mit Güte in jede
Deiner Gesten trug.

Herbstmorgen

Der Wind
Löst
Die Farben
Für ein Letztes,

Der Regen
Schenkt
Seine Schwere
Hinzu,

Und die Zeit
Fällt
Heim
In die Lieder.

Gründe

Bäume, am Rand
Die kahl stehen,

Als Ruinen des Rauschs
Gelassener Farben.

Die Straße reicht
Karg und weit in die Fugen,

Weit wie Wüsten,
Die mich zurück werfen,

Zurück auf das Augenmerk
Der Leere in mir und den Takt

Der Füße im geraden Gang
Auf dem Weg zu den Gründen.

Alter

Entfaltet
Sind die Enden
Und Ecken
Des gejährten Körpers.

Faltiger
Geht es nun
Zur Stunde
Des ertragenen Tags.

Würfelgleich
Von fremder Hand
Geworfen, rollt
Er nun nicht mehr rund.

Umbruch

Brach ruhen rings die Felder
Entleert sind Sommer und die See,
Nackt stehen schon die Wälder,
In der Luft: der Geschmack von Schnee.

Die Welt wird weit und kalt,
Sie wird klarer und markgefroren,
Sie verliert Kompass und Halt
Doch auch daraus wird Neues geboren.

Angst

Mir kam
Der Gedanke
Ans leergefühlte Leben
Ohne Facetten und Farbe
In den Sinn,

Der Gedanke ans
Vakuum der Freuden,
Nicht mehr gut und frei genug
Für die offene Gabe
Eines unerhörten Gedichts zu sein.

Mir kam
Der Gedanke
An graue Quellen,
Die kein Wasser mehr zu Tage tragen
In den Sinn,

Der Gedanke an
Eine träge Empfindsamkeit,
Die aus den Seelen der Bäume und
Den schweigenden Steinen
Kein Lied der Sehnsucht mehr lockt.

Aber ich gestehe:
Der Blick zu den Herbststernen
War nicht ohne Schuld
Am nachtschwarzen Gefühl,

Und auch das durchlaufene Laub,
Gab der Angst einen Anlass
In Gestalt des Gedankens
An die vergängliche Fülle zu reifen.

Novembernacht

Ein Licht steht
Turmgleich und
Sturmbewegt
In novembrigem Dunkel.

Im Haus atmet Stille
Die restlichen Schatten ein.

Nur ein Traum trägt und
Durch Wände aus Glas
Trennen zwei Nächte
Die Welten.

Winterbäume

Bäume in der Kindheit des Tags
Traten
Als Nackte aus dem Nebel
Ins Auge
Zum Fluss der endlosen Vergehens.

Sie stachen verwurzelt
Wie Skelette,
Mit erstarrten Fingern gebannt
Als Denkmäler
Des eisigen Schlafs empor in die Leere.

Aber die Stunde ihres Wachstums wird kommen,
Wenn die Erde wiedererwachend
Unter den Gesetzen des größeren Frühlings bricht,
Um mit allem umher in den Morgen zu tanzen.

Hunger

Wir waren frei,
Hungrig und jung,

Wir lagen
Im Grau,
Schliefen
In der Gasse
Und liebten.

Und obgleich es
Nacht umher war,

Schmeckten
Des Lebens
Münder geküsst
Nach Bildern
Des Frühlings.

Mindestmaß

Das Wenigste vielleicht
Ist gut was sich ergibt,
Aber gib dich hin und
Gutes wird sich ereignen,
Und sei´s nur, dass Du
Dir zur Aufgabe stelltest
Das deine zu geben.

Vereinzelung

Das Bild zeigte
Bewegte Gesichter,
Die wir uns
Verbunden beschauten.

Wir, drei Freunde
Schnitten Grimassen
Wie große Kinder
Und Clowns,

Wir lachten über
Die Nasen,
Lippen und Blicke
Mit ersten Bärten,

Aber plötzlich fand
Ich mich
Anders gespiegelt im
Bilde wieder,

Denn:

Ab dieser Stunde
Wusste ich
Um einen Riss mehr
In der Welt:

Ich wusste um mich.

Tagesandacht

Ein Tag,
Der hoch
Mit der Frage nach Antrieb
Und dem Sinn des Sagens
Und Daseins im Ganzen,
Kollektiv sinnierend
Begann,

Nahm
Über viele
Verlorene Worte,
Fahrlässige Gefühle bei Tisch
Und dem Zeichen der Reben in den Liedern
Seinen Lauf
Richtung Nacht,

Zur Nacht, wo ich nun,
Wie üblich einsam,
Aber nicht allein,
Mit Augen in halber Helle,
Zum Abdanken des Tags
Im Gang eines Gedichtes
Der Essenz
Der gelebten Stunde gedenke.

Sprachnetz

Zwischen den Bücher
Im Regal
Und mir
Spinnen sich Fäden
In mir:

Ein Sprachnetz
Gewoben
Aus Worten
Das
Mich und
Mein
Mögliches trägt.

Ein anderes aber ist
Ihr Zerreißen
Denn ohne
Fadengitter treibt das
Offene hinauf.

Winter

Der Winter,
Wie Nebel mit
Nacht, Nacktheit
Und Schnee.

Er lässt mich
Wieder
Schwer werden
Und schön,

Er lässt
Mich hinabsinken
In mich
In reiche Zeiten,

Hinab
Wo Edelsteine
Und Bilder
Brach liegen,

Hinab, wo
Wo die Quelle
Der Erfahrungen
Neuen Atems blühn.

Konstitution

Augenblicke von Gipfeln
Und Dunkel,
Fragen und Tanz,
Momente der Scherben
Und Musik
Trugen mich zusammen
Und formten
In nachtheiligen Taten
Das Rückgrat
Des aufrechten Gangs.

Morgenlandschaft

Der verbliebene Nachttau
Wurde Frostkleid:
Gewänder aus
Gläsernen Wässern,
Gewoben in
Kristalliner Anmut des Atems,
Kleideten die Täler in
Einen sich erlösenden Wandel.

Die erwachenden Wälder,
Landschaften
Im Nebel
Und dezembrigem Eis,
Standen ewigschön und
Göttlich wie
Der erste Augenaufschlag
In den sich weitenden Gärten.

Dreifaltigkeit

Dass überhaupt etwas ist:
Ein
Einziges Wunder.

Und du und ich darin,
Zwei
Wunderlichkeiten mehr.

Mondmitgefühl

Der Mond,
Ballrund und
Weiß bald
Wie Meermilch,
Rastet zwischen
Dem Zugeständnis der Wolken
Und kargen Wipfeln gefasst
Im Frieden des Unbefragten.

Er wirft frei
Durch die Leere
Lichtkrümel Klarheit
Mit fortlaufender Anmut
Der Erde zu Füßen,
Die als Bitte vernommen,
Eine Bleibe im Blick, jenseits
Seiner Phasen des Vergangs ersuchen.

Aufbruch

Ein Tag,
Im Schleier
Der noch finsteren Früh.

Ein Tag,
Am Morgen
Im Kokon der Blüte.

Ein Tag,
Auf der Schwelle
Des wiederholten Aufbruchs.

Ein Tag,
Mit Hunger
Und Gedächtnis,

Der offen
Im klaren Zutun
Auf seine Werke hofft.

Einkehr

Die Blüte eines ersten Tages
Schließt sich erneut:
Aufs Innere richten
Sich die wartenden Blicke nun
Und zur Ader gewendet
Taucht die offene Nacht
Das Denken ins beredete Schweigen.

Tischgespräch

Man kam
Bei gedecktem Tisch
Ins Gespräch
Und auf
Den Tod zu sprechen:

"Jeder muss sterben"
Und "man kann
Nicht immer daran denken"
Raunte es durch den Raum,
Bis man wieder froh
Andere Themen wie
Einen neuen Kuchen anschnitt,
Über dessen Geschmack
Die Angst nicht spekuliert.

Das Essen bot sich an
Und die Lage der Nation
Für eine politische Rede.

Aber wie immer:
Ein Stück
Schwerverdaulichen Todes
Hing wie ein Brocken
Im Hals des Erinnerns fest.

Zeugnis

Ein bewegtes Jahr Liebe, das
Mit schwarzen Gedanken begann,
Bog sich zu einem Besseren,
Denn: Wir waren bereit
Für das Ende unseres Winters.

Wir wussten,
Wie das bereinigte Herz
Und in uns
Die stille Stunde sprach.

Und so gingen wir
Auf einander zu,
Denn unser Band
Ist fest geknüpft:
Es reißt nicht so leicht.

Du ließest mir dir Nacht,
Du ließest mich reisen
Und ich kam wieder.

Und ich ließ dich sein
Und sagen, um neu zu sehen
Wie wunderbar du bist.

Worte gibt es viele, die ehren,
Aber dein Lachen umschreibt
Noch immer mein Glück,
Und ein Gedicht wie ein Kuss gibt
Zeugnis meiner Art dich zu lieben.

Nacht

Drinnen herrscht Stille
Und nur ein Atem.

Während draußen schon
Die Straße im Regen schläft.

Die Nacht hält für alle
Ein Zuhause bereit:

Selbst der Sturm
Fügt sich ins Schweigen.

Ruhe

Liegen und sich tragen

Und

Nur denken was bleibt,

So ganz in Laken gehüllt
Wie neuer Schnee

Als Decke,

Den bewegten Tag
Mit dem Versprechen nährt

Stille zu schenken.

Bereitschaft

Dann wenn der Rückzug erfolgt,
Ganz ungewollt beizeiten,

Wenn es unter anderen einsam wird
Mitten im haltlosen Geschehen,

Dann fühle ich mich allein
Angesprochen und doch verbunden,

Dann finde ich mich vereinzelt
Beschenkt und frei für ein Gedicht.

Winternacht

Frostbedeckt tragen
Straßen einsamen Schlaf
In die Bewegung der Täler.

Die zehrende Stille:
Ein Windspiel
Im nackten Geäst.

Und der Rauch neigt sich
Nachtwärts über die Häuser,
Wo nur Träume uns wärmen.

Armlehne

Es herrscht still im Raum umher:
Keine wechselnden Bilder
Und Stimmen ansonsten,
Keine falschen Spiele und
Empörungen über zerrissene Welten.

Nur ein wenig Sterblichkeit
Schweigt über die Armlehne gebeugt
Und der Atem liegt wie Regen
Zwischen der verborgenen Süße der Zeiten:
Er malt Melancholie in die Nacht.

Transzendenz

In einen Farbton Denken
Und
Musik eingetaucht,
Bin ich träumend
Und frei,
Wie ein Tropfen
Der
Ans Nachtende
Des Meers sinkt,
Um
In seinem Element,
Zur Erlösung hin
Getragen
Zu tanzen.

Regentag

Auch Regen hat seine Zeit:
Er bringt Raum für Nachdenklichkeit,
Er schenkt Zeit sich zu besinnen:
Denn Regen vertagt Leben nach innen.

Wandel

Der Nebel
Hebt sich bedächtig
Ins Blau
Zum Gurren der Tauben,
Das klingt wie ein Krächzen.

Ein neuer Tag
Steigt mit Farben durchs Fenster,
Aber niemand
klopft an die Türen,
Um für immer zu bleiben.

Gebrechen

Fragile Begebenheiten
Wie offenes Gelächter aus Glas
Nur einen Steinwurf entfernt;

Morgenschlösser aus Papier,
Die ein verlorener Funke schon
In Flammen verwandelt;

Atem und Träume des Tages,
Die aufrecht über Eis gehen
Und jählings ertrinken:

Leben ist keine leichtes,
Schön und auch gebrechlich,
Geschenkt wie ein Wunder in Schwarz.

Halbzeit

Halb hinabgebrannt
Harrt die Kerze ohne Schein
Zwischen den Seiten.

Ein Restlicht als Mögliches bleibt.

Und so still, stumm redend,
Wie sie dort steht,
Erinnert sie
An die geliehene Helle in der Hütte,

Und die Worte,
Dass wir ebenso wie wir waren
Dies Leben liebten:

Bereitwillig und teiloffen, - bisher!

Begegnung

In die Nacht entblättert
Überbot eine Begegnung
Als Gold der Stunde
Den Sand aus den Gläsern:

In den Straßen schritt
Sternengeleitet
Der Ernst in den Gesichtern
Zwischen Spiel und Gelächter,

Und eine Ankunft im Andern
Ließ verweilen und schenkte
Splitter endloser Zeit
In der Musik aus Gesprächen.

Hochtief

Habe keine Angst
Im endlosen Ganzen:
Es gibt kein Fallen!

Denn wir reichen schon
Zum offenen Boden,
Der einem Abgrund gleicht.

Wir sind schon
Was sein will, -
Wir werden nur welk.

Wir bewohnen Welten,
Wechseln nur zwischen
Schönheit und Scheitern

Das Grab am Himmel,
Aufgebahrt als Denkmal
Unserem Staunen zu Ehren.

Zeiten

Beizeiten
Finde ich leidend,
Beizeiten
Finde ich mich leer.

Beizeiten
Bin ich weltentkleidend,
Beizeiten
Bin ich weit oder rau wie das Meer,

Beizeiten
Bin ich guter Dinge,
Beizeiten
Laufe ich über: alles scheint zu viel!

Beizeiten
Bin ich Gesang und singe,
Beizeiten
Bin ich ganz Stern und Spiel.

Ferne

In Abstand und Eis,
Eng in den Bahnen
Der endlosen Straßen
Beieinander und

In Gedanken
Auf abwesend,
Arg einmalig und
Unerreichbar gestellt:

Die Entfremdung
Flaniert zum Ausverkauf
Auf verlorenen Zuruf
Zwischen den Blicken,

Und mir fröstelt
Gespannt vor der
Leere an Mitgefühl
In jeglichen Sommern.

Es wird kälter werden,
Aber hitziger der Tag:
Es rette sich und andere
Und lebe Liebe wer kann.

Lagebild

Am herbstlichen Nordmeer
Stand ich in der Bewegung
Unter schwerem Gewölk,
Das sich groß und graudrohend
Wie fallendes Gebirge am Abend
Gegen die Hände der Erde hob.

Dazwischen aber eröffnet sich
Ein blaugetunkter Ausblick,
Licht als kleine Hoffnung
Aufsteigender Nächte,
Ein gefühltes Universum
Von Helle im erzählten Dunkel.

Raumstellen

Hier und da in dir
Und die anderen umher,
Raumstellen,
An ihren vereinzelten Orten.

Ich und du mit dir
Und die anderen in sich
In Gedanken: - die Welt:
Ein fragiles Wir, - in endlosen Worten.